Ce que devra être

un

Gouvernement Napoléonien

DANS

Ses Rapports

AVEC LE

Capital et le Travail

Cette brochure se trouve au
Siège Social du

Comité Central de propagande plébiscitaire

17, rue de Surène, 17

—

PARIS (8ᵉ)

Ce que devra être

UN

Gouvernement Napoléonien

DANS

Ses Rapports

AVEC LE

Capital et le Travail

Cette brochure se trouve au
Siège Social du

Comité Central de propagande plébiscitaire

17, rue de Surène, 17

—

PARIS (8e)

DISCOURS

prononcé le Dimanche 11 Décembre 1910
PAR
M. René QUÉRENET
Membre du Comité Politique
de « l'Appel au Peuple »

Voici les passages essentiels du discours prononcé par M. René Quérenet, membre du Comité politique de l'Appel au Peuple.

L'orateur commence en félicitant les Comités plébiscitaires d'être étroitement groupés et unis autour de leur Président Général. Il fait allusion à la crise récente par laquelle vient de passer la France il y a quelques semaines à peine. Il se demande si la solution donnée à cette crise a rassuré le pays : et il répond *non*.

« La situation est la même après la grève qu'avant la grève ; on n'a rien fait pour parer au vrai danger qui est l'exaspération croissante des masses ouvrières. L'anarchie reste la même dans les conseils du gouvernement : aucun plan, aucune vue d'ensemble des besoins de la classe ouvrière ; rien que des mesures prises sous l'épouvante du moment, rien que des palliatifs ; rien, pas une idée ; pas une volonté ; pas une direction. Comment s'étonner de l'anarchie d'en bas qui secoue

et travaille les masses ouvrières quand on
constate l'anarchie d'en haut. L'une expli-
que l'autre : et en vérité, on en arrive à
comprendre certaine anarchie ouvrière
quand on constate tous les jours l'anarchie gouvernementale. Le danger est donc
certain... »

« Comment y remédier ? » se demande
l'orateur ; et il trouve alors un vaste su-
jet de joie et de réconfort pour les Plébiscitaires Napoléoniens dans le récent ma-
riage de Moncalieri, célébré sous l'œil
bienveillant de l'Europe tout entière, et
sous le regard attentif des républicains de
toutes nuances qui songent à demain
« dans cette union du Prince Napoléon,
« avec une princesse de Belgique, de lan-
« gue, d'esprit et de cœur français, à la-
« quelle doit aller dès ce jour sans réserve
« et d'enthousiasme, l'affection et le dé-
« vouement de tous les fidèles du prince,
« si française, — et ici l'orateur parle au
milieu des applaudissements unanimes de
son auditoire debout et acclamant la Princesse Napoléon, — que S. A. I. a donné
« sa démission de toutes les innombrables
« œuvres de charité belges à la tête des-
« quelles Elle était, pour être prête à ve-
« nir, dès demain, les mains tendues et le
« cœur large ouvert, au-devant des petits
« enfants de France, au secours des misè-
« res françaises, sur le sol de sa nouvelle
« patrie...»
Une fois les acclamations en l'honneur
de la Princesse Napoléon calmées, l'ora-

teur arrive à la partie politique de son discours, qui suscitera peut-être des polémiques, mais qui a produit une certaine émotion par la netteté des déclarations qu'il a apportées, en son nom purement personnel, d'ailleurs :

« Messieurs, je veux, pour vous parler aujourd'hui, m'inspirer d'un mot dit par le Prince Napoléon aux journalistes venus à Moncalieri pour faire connaître à la France et au monde les détails de l'événement. En recevant les représentants de cette puissance, — la Renommée aux cent voix, — le Prince, parmi les déclarations qu'il lui a plu de faire, a dit : « Je m'honorerais d'avoir voté les lois sociales de la troisième République. » Je ne crois pas me tromper, Messieurs, en ajoutant que dans sa pensée, notre Chef a dû se dire : « Et j'en ferais voter bien d'autres... »

C'est qu'en effet, le Prince Napoléon a longuement médité sur les questions sociales ; c'est qu'il les connaît ; c'est qu'il sait que là est la formule future d'un gouvernement nouveau.

Demandons-nous donc ce que peut être et ce que devra être un gouvernement qui aurait un Bonaparte à sa tête.

Et je n'oublie pas qu'en ce moment je parle devant des représentants des diverses situations sociales. J'ai autour de moi des industriels, des commerçants, des artisans, des ouvriers ; à tous, je parlerai librement, sans fard, sans contrainte.

Aujourd'hui un problème prime toute la

vie nationale, problème où la politique pure ne joue qu'un rôle secondaire : le problème économique. Depuis un siècle, tout s'est transformé : les moyens de production, les nécessités de consommation, les groupements de capitaux, les aspirations des masses ouvrières. En face de ceux qui possèdent sont dressés ceux qui ne possèdent pas encore ; pour les uns et pour les autres, c'est la lutte pour la vie. Comment, entre ces deux éléments, le capital et le travail, un gouvernement Napoléonien peut-il et doit-il agir ?

Sur ce point essentiel, nous vous devons à tous, messieurs, la vérité. Que vous soyez des hommes de droite, du centre ou de gauche, — et notre parti, vraiment national, comme le disait le Premier Consul, est assez large de conception et de principe pour nous réunir tous dans la doctrine essentiellement démocratique du plébiscite et du « Tout pour le peuple et par le peuple », vous avez tous le droit, Messieurs, de savoir ce que nous voulons et ce que nous ferons.

A ceux qui possèdent, aux propriétaires terriens, comme aux directeurs des grandes associations de capitaux, à tous ceux qui sont, par la richesse acquise, par l'épargne, les véhicules incessants de la fortune publique, à ceux qui prennent l'initiative et la responsabilité du groupement des capitaux nécessaires pour lutter sur tous les marchés du monde, — car il n'y a plus aujourd'hui de frontières industrielles et commerciales, — tout est partout, à tous ceux qui par le capital du pays, cherchent au dehors comme au dedans, à faire une France plus riche, plus prospère, plus grande ; à tous ceux-là nous disons : un Gouvernement Napoléonien vous donnera protection. Il en a le devoir impérieux de par sa doctrine : il en a le droit au nom de la grandeur du pays. Un Gouvernement Napoléonien ne peut oublier la note de Schœnbrunn; lorsque Napoléon, pendant la campagne d'Autriche, approuva un rapport de Portalis qui lui proposait les premières mesures qui devaient faire passer dans notre Législation le principe de l'expropriation des propriétés privées, moyennant une juste et préalable indemnité, pour cause d'utilité publique, il écrivit en marge de ce rapport cette phrase lapidaire, véritable Code de la propriété privée : « Napoléon avec toutes ses victoires et toutes ses armées ne doit pas pouvoir pénétrer dans le champ du plus humble paysan de France. » Parole merveilleuse, Messieurs, frappée au coin du génie, parole qui contient tout notre passé et tout notre avenir...

Un Gouvernement Napoléonien, Messieurs, ne saurait aller à l'encontre de cette parole souveraine. Il a été dans le passé, il sera dans l'avenir le gardien de la propriété, de cette propriété largement entendue, nécessaire à la vie et à la prospérité économique du pays.

Mais ce principe posé, ce devoir accepté,

où un Gouvernement Napoléonien devra-t-il porter ses yeux : où portera-t-il ses soins, ses soucis, ses efforts ? Ici encore le passé répond de l'avenir...

Le gouvernement devra aller vers le quatrième état, Messieurs, vers ce quatrième État qui monte et qui grandit. Sourd serait celui qui ne voudrait pas entendre; aveugle celui qui ne voudrait pas voir. Nous sommes à une heure grave, peut-être décisive de la vie nationale française. En 1789, le tiers-État a annihilé la Noblesse et le Clergé qui n'avaient pas su comprendre à temps la poussée formidable de ce Tiers qui n'était rien, qui voulait être tout et qui est devenu tout. Depuis cent ans, la bourgeoisie française, dans son égoïsme à la Guizot, dans son esprit routinier, a dominé ce qui restait de la Noblesse et du Clergé et a voulu ignorer les masses ouvrières, leurs besoins, leurs désirs.

Elle n'a pas su aller au peuple et lui offrir d'un cœur généreux les réformes et les améliorations nécessaires : et à ce point de vue, je ne fais nulle différence entre un ministère Ribot, Méline ou Rouvier ou les ministères de messieurs Clemenceau ou Briand : Leurs points d'appui sont les mêmes. Ils sont aux ordres des mêmes intérêts. Ils procèdent des mêmes inspirations.

Un homme, un seul, a pu depuis 1789, au milieu de toutes les embûches, donner la mesure de son âme compréhensive des besoins du peuple. Seul, au milieu de ses

ministres, d'origines diverses, il a senti et
compris l'âme populaire : c'est Napoléon
III, l'Empereur du Travail, l'Empereur des
ouvriers... comme Napoléon Ier fut l'Empereur des soldats...

Qui donc a donné à la France des travailleurs la loi instituant la Caisse Nationale des retraites pour la vieillesse ? Napoléon III. Qui lui a donné la loi dévelop-
pant les Sociétés de secours mutuels ? Qui
a rendu obligatoire dans chaque commu-
ne la constitution d'une Société de secours
mutuels ? Napoléon III.

Qui a donné à la France des travailleurs
pauvres la loi sur l'Assistance judiciaire ?
Qui donc enfin a donné à la France ouvrière la loi sur le droit de coalition, con-
sacrant ainsi pour l'ouvrier ce droit natu-
rel qu'il a de travailler ou de ne pas travailler, et qu'on a appelé improprement
dans le langage courant le droit de grève ?
Qui donc enfin a institué pour tous les
travailleurs des villes et des campagnes
les premières caisses d'assurances en cas
d'accidents suivis d'infirmités ?

Encore et toujours Napoléon III.

Toute l'œuvre de la troisième République est en germe dans la législation sociale du second Empire : et quelles sont vraiment ses conquêtes depuis 1870, en quaran-
te ans de pouvoir incontesté et tyrannique
au point de vue politique ?

La loi de 1898 sur les accidents du travail : oui ; mais en dehors ? Des mesures
restrictives de la liberté de l'individu, lois

limitant les heures de travail, ou le travail lui-même, ou loi proscrivant le repos hebdomadaire sans souci du droit et de la liberté de chacun, mesures inspirées par un Etatisme exagéré, forcené, alors que la liberté doit rester la source et l'inspiratrice des mesures législatives sociales. Voilà quel est son bilan social.

Eh bien, Messieurs, où un gouvernement Napoléonien devra-t-il, sur ces questions essentielles de l'organisation du travail, chercher ses sources et puiser sa doctrine et ses inspirations ? Disons-le nettement : dans le respect de la liberté de chacun et dans la compréhension généreuse des besoins ouvriers.

Ce que devra faire un gouvernement Napoléonien, c'est d'aller librement au peuple qui viendra librement vers lui : c'est de ne pas nier au quatrième Etat qui sent sa vie et sa force, son droit à l'existence ; c'est de lui accorder ses droits, en lui apprenant ses devoirs ; c'est de prendre de haut cette éducation du peuple que n'a pas su faire cette République égoïste et bourgeoise, exclusive maîtresse de la France de 1870 à 1910.

Il faut savoir regarder en face les problèmes qui se poseront inéluctablement demain ; il faut les voir d'ensemble et savoir dire la solution qu'on leur donnera.

Oui, il faut faire les retraites ouvrières : mais non pas en écartant la Mutualité, comme le porte le projet actuel, fait uniquement en vue de procurer des fonds à l'Etat, fonds sortant tant des poches patronales que des poches ouvrières pour les verser à la Caisse des Dépôts et Consignations et soutenir facticement les cours de la Rente française ; non ; de ce projet, nous ne voulons pas qui va augmenter encore le nombre des fonctionnaires. Il faut faire les retraites ouvrières avec et par les Mutualités françaises, en contact quotidien avec les masses ouvrières ; il y aura économie et profit pour tous.

La question de l'alcoolisme et de l'organisation méthodique de l'hygiène sociale et publique devra être au premier plan d'une refonte générale ; pourquoi laisser superposées deux lois à but unique, les retraites ouvrières et la loi sur l'assistance pour la vieillesse infirme et malade ; ces mesures justes et légitimes ont besoin d'être unifiées et coordonnées pour le plus grand soulagement du budget, trop lourdement grevé.

Mais, Messieurs, la préoccupation la plus grosse est la question des libertés syndicales ; faut-il donc revenir en arrière, restreindre ou mutiler ces libertés qui constituent à l'heure actuelle des droits acquis pour la masse des travailleurs français ? Non, Messieurs, il ne le faut pas.

Il faut aller aux Syndicats, les régulariser, leur faire confiance ; leur donner largement la capacité civile d'être propriétaires, leur assurer les moyens d'arriver à la propriété collective et syndicale, premier échelon qui amènera le travailleur à

la propriété privée par un mode de parti-
cipation aux bénéfices des Sociétés à forme
publique. Il faut envisager que le contrat
collectif de travail est destiné à entrer
dans la législation dans un avenir certain ; le syndicat en sera l'instrument
obligé, et il faut que le patronat sache et
sente qu'il devra dans un avenir peut-être
prochain entrer en relation directe avec
les syndicats ouvriers.

Ce ne sera pas le syndicat obligatoire,
ce ne sera pas le contrat collectif obligatoire ; ce ne sera pas l'arbitrage obligatoire : non ; mais ce sera la législation souple
et féconde, se pliant aux évolutions nécessaires, amorcées hier, dans l'air d'aujour-
d'hui et que notre patronat industriel et
commercial français aurait tort de ne pas
envisager comme devant aboutir demain.

Or, le gouvernement actuel, devant ces
problèmes, est impuissant et désemparé.
Il n'aime pas le peuple, il n'a pas confiance en lui. Il est gouverné, notre gouvernement, par les violents de droite et par
les violents de gauche; entre ces extrêmes,
il n'ose rien ; il ne fait rien ; il ne peut
rien.

Un gouvernement Napoléonien n'aurait,
Messieurs, ni ces hésitations, ni ces fai-
blesses. Il sait par avance qu'on ne gou-
verne pas « dans une cave ». Il sait que
ce n'est pas par bribes et comme à regret
qu'il faut donner au peuple ce que le
peuple peut prendre d'un coup ; mais il a
confiance dans la volonté populaire sur la-

quelle il s'appuie et dont il a toujours tenu et dont il tiendra son autorité.

Et pour me résumer d'un mot, pour dire quelle serait la directive d'un gouvernement Napoléonien dans les questions sociales, qu'il me soit permis, Messieurs, de rappeler une parole saisissante qui contient tout un programme de gouvernement : « *La pauvreté ne sera plus séditieuse lorsque l'opulence ne sera plus oppressive... La classe ouvrière ne possède rien ; il faut la rendre propriétaire ; il faut lui donner une place dans la société et attacher ses intérêts à ceux du sol. Enfin elle est sans organisation et sans liens, sans droit et sans avenir... Il faut lui donner des droits et un avenir... »*

Qui donc disait cela ? Messieurs.

Qui donc écrivait ces fortes paroles ? C'était le Prince Louis-Napoléon, le prisonnier de Ham, en 1844. Paroles, Messieurs, qu'on peut répéter aujourd'hui ; paroles qui devront être la devise impérieuse du futur gouvernement Napoléonien réparant toute l'abstention et toute l'inertie de la troisième République dans les questions sociales.

Oui, il faut avoir confiance dans le peuple : oui, il faut aider le quatrième État à comprendre ses devoirs ,en lui reconnaissant ses droits ; oui, il faut, mettant au point d'aujourd'hui la phrase du futur Empereur, dire « que le prolétariat français ne sera plus séditieux le jour où la puissance économique française ne sera plus oppressive. »

Il faut étudier et solutionner ces questions sociales par l'ensemble et ne pas seulement, comme font nos gouvernements depuis nombre d'années déjà, vivre au jour le jour, sans méthode, sans doctrine, sans sentiment des responsabilités. Il ne faut pas seulement s'attabler, ministres d'un jour, à des banquets tout servis ; il faut regarder plus loin, sentir que des forces nouvelles montent à l'horizon politique et social. Il ne faut pas les mépriser, ces forces nouvelles ; il faut aller à elles ; il faut les organiser dans l'ordre, l'autorité et la liberté.

Or, seul aujourd'hui, Messieurs, notre parti est synonyme d'ordre, d'autorité et de liberté. Seuls, les plébiscitaires Napoléoniens ont un principe, l'autorité ; une doctrine, la liberté dans la démocratie ; un Chef, le Prince Napoléon, c'est-à-dire un ennemi du Parlementarisme faussé et avili dont nous souffrons, mais un partisan du contrôle des Chambres, à la condition qu'elles restent à leur place, qu'elles n'envahissent pas tous les domaines, qu'elles respectent l'Exécutif et qu'elles laissent enfin le gouvernement à sa place de gouvernement, dont la fonction est de gouverner au nom du Prince, avec tous et pour tous.

Et ce programme, Messieurs, n'est pas pour effrayer les républicains sincères qui n'y voient rien qui puisse affecter la forme du gouvernement actuel, la république, mais qui n'y peuvent voir qu'une république élargie, épurée, vraiment décidée au maintien et à la sauvegarde des droits de tous les citoyens ; car ils savent bien, les républicains sincères, que dans nos convictions plébiscitaires et napoléoniennes, nous sommes comme eux et avec eux des « bleus » et non pas des « blancs ». Ils savent bien qu'au jour des dangers, nous avons été et serons encore avec eux. Ils savent bien que les Napoléons sont issus de la Révolution française ; qu'ils s'en sont toujours réclamés, — comme s'en réclamait hier le Prince Napoléon ; ils savent bien que nous avons parcouru les étapes communes avec nos grands ancêtres communs, comme le disait hier notre Chef, chantant la *Marseillaise* et suivant les Aigles à travers l'Europe ; ils savent bien, les républicains sincères d'hier et de demain, qu'à une France fatiguée, aveulie, dégoûtée, lassée de tyrannie parlementaire bassement jacobine, il va falloir bientôt de l'air libre, une brise pure...

Et je conclus d'un mot, Messieurs, restons des plébiscitaires ; allons au peuple ; gardons notre devise : Tout pour le peuple et par le peuple, et répétons avec le Prince Impérial : « Le plébiscite, c'est le droit et c'est le salut. »

Imprimerie Française, J. Dangon,

123, rue Montmartre, Paris.

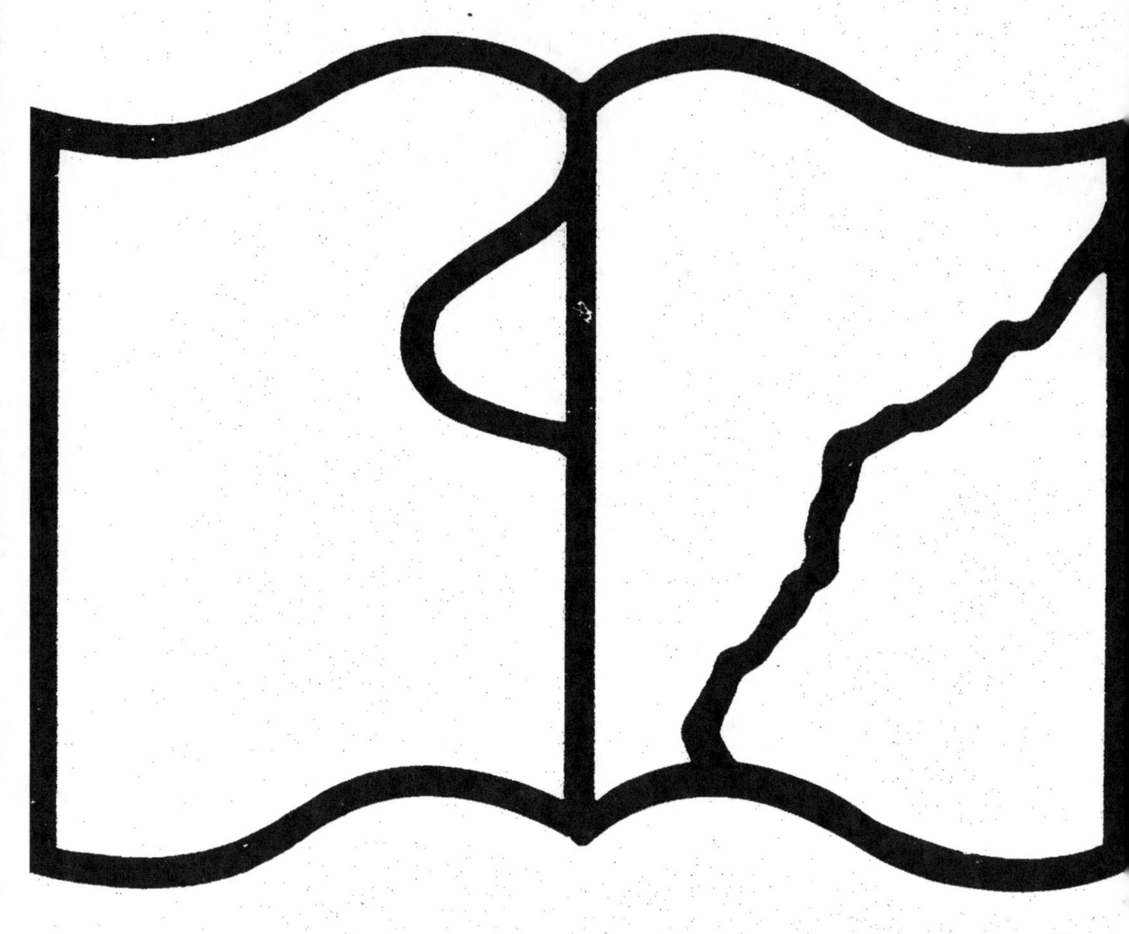

Texte détérioré — reliure défectueuse

NF Z 43-120-11